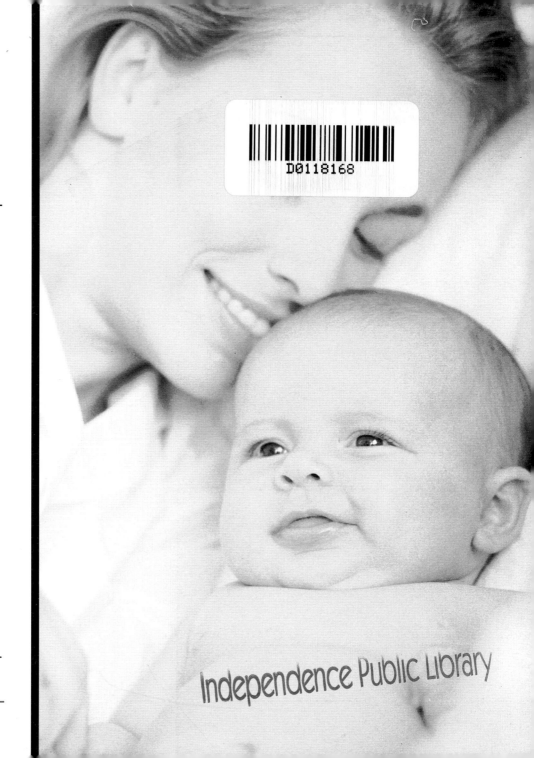

Este libro es un regalo en homenaje a

_____

_____,

una madre extraordinaria.

Regalado con Amor

por: _____

Fecha: _____

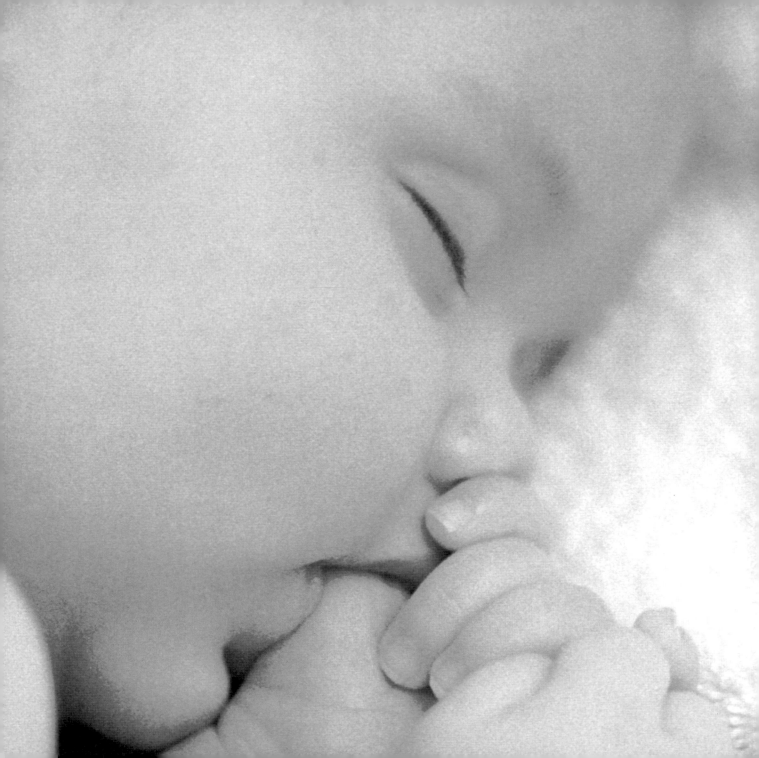

No Hay Amor Mas Grande

No Hay Amor Mas Grande

Cómo ser una madre extraordinaria

Loren Slocum

ANTES DE SER CONCEBIDO YA TE QUERIA,

ANTES DE NACER YA TE AMABA,

ANTES DE QUE TUVIESES UNA HORA DE VIDA

HABRIA SIDO CAPAZ DE DAR MI VIDA POR TI.

ESE ES EL MILAGRO DEL AMOR.

-Maureen Hawkins

Agradecimientos

Este libro está dedicado a todos aquellos que me recuerdan que soy extremadamente afortunada.

A mis padres, Arlene y Joseph Schandler, que siempre han inculcado en mi que todo es posible con el poder del amor y un esfuerzo sincero. Por animarme siempre (incluso en muchas ocasiones en las que ni siquiera sabían que era lo que estaban animando). Mi madre, una mujer llena de vida, que hace de cada momento una aventura, sobre todo por animarme a confiar en mi espíritu creativo. Mi padre por ser un ejemplo vivo de Dios en mi vida y en la vida de aquellos que tienen la buena fortuna de cruzarse en su camino. Por ser el más amable, el más paciente y más sincero hombre que nunca he conocido.

A Shore, por ser mi fan número uno y mi mejor amigo. Por su reserva de creatividad. Por creer realmente en mi visión, en mis talentos únicos y sobre todo por creer en la esencia de quien yo soy. Finalmente por ser paciente conmigo y por entender el modo en que yo me siento.

A mi hijo, Josua, por recordarme el sentido de la vida. Por ser mi mayor maestro y un ejemplo puro de amor incondicional. Por traerme más alegría, gozo y amor en mi vida de lo que nunca pensé que fuese posible.

A mi hermano, David, por ser un punto de apoyo sólido y constante en mi familia. Me siento increiblemente afortunada de tenerlo como hermano mayor.

A Dios, por bendecirme con el regalo de la maternidad, y por la oportunidad de disfrutar y aprender de todas las experiencias de la vida. Por esa pequeña voz que yo llamo intuición, la cual cuando la escucho, siempre me guía en la dirección correcta.

A Colleen Futch Morgans por tener un ojo tan dotado para capturar la esencia de lo que es este libro.

A kelly Giezentanner por su ojo privilegiado.

A Shannon McCann y Paige Nussbaumer, que parecen conocer lo que estoy diciendo incluso cuando no estoy hablando.

A Laura Yorke, editora en Large of Golden Books por ser un ejemplo viviente de madre extraordinaria. Por su creatividad y dedicación a este libro.

A Lara Asher, editora asociada en St. Martin´s, por su amor, compromiso y pasión por este libro.

A Jan Miller y a su equipo en Dupree Miller por guiarme en el camino para hacer este sueño realidad.

A la familia de la que me siento increíblemente afortunada de formar parte. Me he sentido tan bienvenida, amada y apoyada por todos vosotros... Heidi, Nancie, Barc, TD, Clay, Wendy, Katie, y R.C. (en su memoria).

A Heidi Krupp, una mujer llena de sonrisas, espíritu y energía tenaz y que nunca acepta un no por respuesta y tiene la habilidad única de hacerme sentir siempre especial.

A Mrs. Ross, mi profesora de inglés de quinto curso.

A Onisha, Shareena, Sawkia, Comara y Juanita, "Mis Chicas", por ser la inspiración que encendió la llama del deseo por convertirme en madre. Por todos los mágicos momentos que hemos compartido juntas.

A quienes he elegido también como familia, que no son mi familia de sangre, pero a quienes considero como mi propia familia. Ellos me retan a ser la mejor persona posible, me ofrecen un lugar para escapar de las locuras del mundo. Ellos son mis mentores, consejeros, guías y mucho más. De una cosa estoy segura: cualquier cosa que necesito puedo siempre encontrarla en esos corazones, mentes y almas... Tani, Jayne, Tina, Joelle, Erick, Jackson, Albert, Brooks, Ann, Vickie, Gail, Kristin, Brian, Emily, Carolyn, Mary, Michelle, Paula, Kathy, Sam, Lynn, Sissy, Wendy, Wendy D., Kathy B., Joseph, Deb, Alice, Chris, Alissa, Maya, Monique, Stan, Mandy, Baby Jack, Gary, Pam, John, Sarah, Jennifer, Brannon, Kim, Joe, William, Vicky, Diana, Joe, Libby, Liz, Sue, EB, Melanie, y todo el Personal y Equipo de Entrenadores de los seminarios de Anthony Robbins.

He extraido mi proceso de preguntas del trabajo de un buen amigo, un hombre con quien estoy en deuda, que ha cambiado de forma increiblemente positiva la vida de miles de personas en todo el mundo: Anthony Robbins. Su esposa, Becky, una mujer verdaderamente inspiradora, dinámica mujer de negocios y madre increible que siempre merece reconocimiento por el ejemplo que establece como madre y por vivir los principios que comparto en este libro.

Todos vosotros seréis siempre parte de mi.

NUNCA PENSE QUE DEBERIA SER RECOMPENSADA POR EL MAYOR PRIVILEGIO QUE EXISTE EN LA VIDA.

–Mary Roper Cocker,
al ser elegida Madre del Año en 1958

Indice

UN AMOR COMO NO HAY OTRO

Durante más de veinte años he tenido el extraordinario privilegio de ser el entrenador personal de millones de personas de todo tipo alrededor del mundo.

Mi enfoque ha sido siempre ayudar a las personas de forma genuina a entrar en contacto con sus dones únicos; ayudarles a apreciar y a utilizar su capacidad innata de dar, crecer, aprender, amar, contribuir y convertirse en más de lo que ya son.

Como padre de cuatro jóvenes increibles se que no hay nada más importante, retador y gratificante que el amor que sentimos por nuestros hijos. Ser padre te enfrenta al mayor reto y al mayor regalo. Nos impulsa a dar lo mejor de nosotros mismos para poder ofrecer lo mejor a nuestros hijos. A través de ser padres nos convertimos en profesores, protectores, proveedores, animadores, educadores, modelos y con frecuenciaestudiantes. Convirtiéndonos en los padres más extraordinarios que podamos ser, podemos criar hijos que sean auténticos regalos; regalos que devolvemos a nuestro Creador que nos dió la vida y el mundo en el que desarrollarla.

Esa es la razón por la que me siento tan entusiasmado de presentarle este libro y a su extraordinaria autora, Loren Slocum. Conozco a Loren desde hace muchos años y puedo decirle que ella es una persona extremadamente cariñosa cuyo compromiso por crecer y contribuir es virtualmente inigualable.

Loren no es sólo una madre trabajadora y extraordinaria, sino una mujer cuyo compromiso para ser la mejor que pueda llegar à ser le impulsa a nuevas alturas de disfrute y pasión tanto en su vida familiar como en sus relaciones de negocios. Este compromiso ha provisto a Loren del impulso para crear libros que ayuden a otras madres a dar sus propios primeros pasos hacia el éxito y la felicidad que ella está experimentando.

Es un privilegio para mi escribir este prólogo para una amiga tan querida. El corazón de Loren fluye a lo largo de este libro y el consejo que ella ofrece puede ayudarle a convertirse en la madre más extraordinaria que pueda llegar a ser. Disfrútelo. Y recuerden, ¡vivan-y sean padres- con pasión!

– Anthony Robbins

$\mathcal{U}$NA MUJER ES EL CIRCULO COMPLETO. EN ELLA SE ENCUENTRA

EL PODER DE CREAR, NUTRIR Y TRANSFORMAR,

-Diane Mariechild

$\mathcal{N}$ACIMIENTO, *1. El regalo de la creación. 2. El último reflejo del poder creativo de Dios. 3. El comienzo de un viaje mágico.*

QUERIDA LECTORA,

Éste libro tiene la intención de homenajearte a ti, a tu hijo y a la elección que has tomado de convertirte en una madre extraordinaria. Mi mayor esperanza es que con la fortuna de ser mujer y madre, te des cuenta del maravilloso ejemplo que has dado a los que quieres, pero en especial a tu hijo.

Te invito a que hagas este libro tuyo colocando aquí una de las fotos favoritas junto a tu precioso hijo. Elige una foto que refleje un momento mágico o un recuerdo especial que guardarás para siempre en tu corazón. Que siempre te recuerde el auténtico amor incondicional y el milagro que rodea la maternidad.

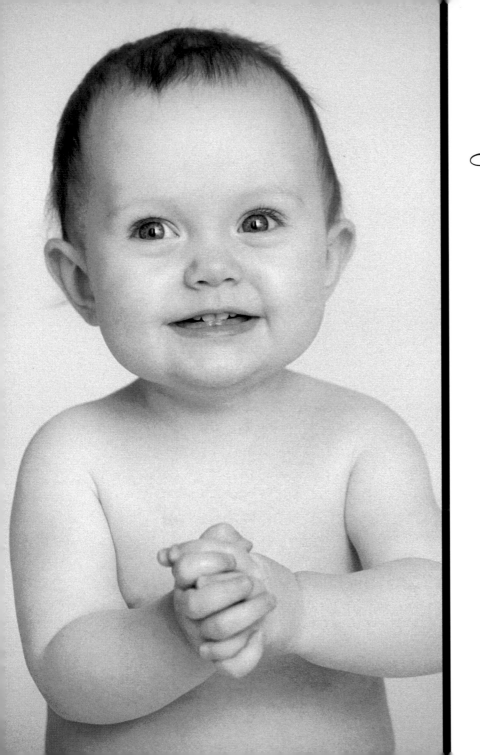

$\mathcal{L}$A TRASCENDENCDIA DE TOMAR

LA DECISIÓN DE TENER UN HIJO, ES

DECIDIR TENER PARA SIEMPRE TU

CORAZÓN ANDANDO DE UN SITIO

PARA OTRO FUERA DE TU CUERPO.

-Elisabeth Stone

Introducción

¡Qué aventura tan increíble ha sido para mí escribir este libro! Siento como si hubiera dado a luz otra vez y quiero darte las gracias enormemente por permitirme compartir mi "alumbramiento" contigo. Este libro es la culminación del viaje más estimulante, complejo y profundo que nunca podría haber imaginado. Cuando me enteré por primera vez de que estaba embarazada, la emoción inicial que experimenté se mezcló con algo más que sólo un poco de miedo. Ya completamente comprometida con mi carrera, mi familia, mis amigos y una letanía de actividades comunitarias, estaba preocupada sobre cómo podría arreglármelas para equilibrarlo todo. Sabía que una vez que mi hijo hubiera nacido se convertiría en la cosa más importante del mundo para mí, pero no quería vivir como si estuviese participando en una carrera de obstáculos. No quería tener que renunciar a nada o descuidar a ninguna de las personas o actividades que ya eran muy importantes para mí. Después de una profunda reflexión interior, de un poco del antiguo método de la prueba y el error e incluso de algunas lágrimas, finalmente me di cuenta de que no tenía que sacrificar nada. Simplemente tenía que cambiar mi perspectiva y transformar algunas de las creencias que me impedían alcanzar mi máximo potencial. Tenía que desarrollar una nueva actitud: equilibrar, no eliminar.

Quizás, la mayor lección que aprendí durante este tiempo, la lección que muchas mujeres necesitan desesperadamente reconocer en sus vidas, era la importancia de darme las gracias a mi misma. Como mujeres, hacemos mucho por otras personas: educamos, apoyamos, tranquilizamos, aliviamos, consolamos y alimentamos el mundo. Este papel es una parte integral y maravillosa de ¡ser una mujer! Pero, a veces, debemos aprender a volver esa energía hacia dentro y tratarnos con el mismo cariño que tratamos a los demás. Debemos abrazar y celebrar los regalos con los que hemos sido bendecidas: usar nuestros recursos para servirnos a nosotras mismas, para que podamos construir una base mejor para servir a nuestros hijos. Hay veces que al ayudar a convertir en realidad los sueños de los demás, a menudo olvidamos tener en cuenta nuestros propios sueños, quiénes somos por dentro y qué representamos realmente en este mundo.

Tengo un pequeño dicho que me recuerda quién soy. Te animo a que crees uno para ti:

Soy una mamá fuera de serie,
Líder extraordinaria;
Cuidando de todo,
Con elegancia y don.

La maternidad ha mejorado mi vida y estoy segura de que lo ha hecho o hará lo mismo por ti también. ¿Recuerdas cuando tus padres te decían, "Nunca lo sabrás hasta que te conviertas en madre"? Bien, ¡ahora lo sé! ¿Imaginaste alguna vez experimentar un amor tan puro?

Aunque mi hijo, Josua, tiene sólo poco más de dos años, ya ha viajado por la mayor parte de los Estados Unidos, Canadá, Europa, Fiji, y Australia. Ha visto la Mona Lisa, ha estado en lo alto de la Torre Eiffel, participado en la misa de un pequeño pueblo de las islas Fiji y escuchado la Orquesta Sinfónica de Sidney en la conocida mundialmente Opera House. A cualquier sitio donde vamos la gente se asombra de lo contento que está Josua y de lo mucho que se ríe; es tan abierto, brillante, divertido, ameno y vivo. ¡Disfruto viendo la cantidad de personas a las que les encanta estar a su alrededor!

Soy una mamá que está comprometida a hacerme a mí misma y hacer a mi familia, mis amigos y a todos los que quiero, sentirse orgullosos y felices, aceptando simultáneamente la responsabilidad de criar un hijo entusiasmado, sano, equilibrado y apasionado. Seas consciente de ello o no, tú también, como madre tienes esas mismas responsabilidades.

Ser padres puede ser la experiencia más gratificante y desafiante de la vida. De la forma que sea, ¡crecerás! Este libro celebra las alegrías de la maternidad y está diseñado para hacer la transición hacia la maternidad como una experiencia de aprendizaje rejuvenecedora. Al contestar honestamente a las preguntas presentadas en este libro, establecerás el patrón de la madre que sabes que puedes llegar a ser: el tipo de madre que marca un ejemplo inspirador para su hijo, su familia y para todos aquellos tienen la fortuna de entrar en contacto con ella.

Te darás cuenta de que éste libro no es una "guía"; es mucho más poderoso. Es un libro sobre "Como Ser". Nuestros hijos aprenden con nuestro ejemplo, nuestra guía y nuestras acciones. Todos conocemos la frase "No es lo que dices, sino lo que haces." El regalo que puedes dar como madre es ser alguien a quien tu hijo admira y res-

¡Esa es mi madre!

¡Siéntete orgullosa de ser quien eres! Ya seas una madre primeriza o una madre que ya ha experimentado la alegría de criar a un precioso niño, espero que te des cuenta de la gran contribución que puedes hacer simplemente con tu cariñosa presencia.

La bella relación entre una madre y un hijo es lo que más me inspiró para compartir estos "consejos básicos" con madres de todo el mundo. De hecho son las herramientas que pueden crear una vida extraordinaria y un futuro admirable para todos nosotros.

- Loren

𝒩osotras no hacemos grandes cosas, sólo pequeñas cosas con mucho amor.

–*Madre Teresa*

TODOS LOS DIAS SON EL DIA DE LA MADRE

El increíble amor de una madre, su confianza y guía dan a su hijo la sólida base necesaria para afrontar con determinación cualquier obstáculo que pueda surgir. Esta base provee la seguridad y el apoyo para que un niño se desarrolle como individuo.

Para celebrar todos los días el Día de la Madre, debes celebrar tu vida y la vida que has dado a tu familia, a tu comunidad y al mundo.

1

$\mathcal{C}$ELEBRACION, *1. Una oportunidad diaria.*

2. Gratitud con risas. 3. Bailando al son del latido del corazón.

4. Una fiesta que deleita el alma. 5. Dando gracias por nuestras bendiciones.

CONVIERTE CADA DIA EN EL DIA DE LA MADRE

Si crees a las empresas fabricantes de las tarjetas de felicitación y de los calendarios, el Día de la Madre sólo se celebra una vez al año. ¡Pero nosotras sabemos más! Como mamás, sabemos que el Día de la Madre tiene poco que ver con una señal especial en el calendario. Es un estado mental, un conocimiento del importante papel que desempeñamos en las vidas de nuestros hijos todos y cada uno de los días.

Ralph Waldo Emerson dijo una vez, "Aunque viajamos por todo el mundo para encontrar la belleza, debemos llevarla con nosotros o no la encontraremos." Como madres estamos verdaderamente bendecidas, pues tenemos a nuestros hijos como constantes recordatorios de la belleza de la vida. Con esto en mente, nuestras actividades del día a día adquieren un significado totalmente nuevo. Cuando vas al mercado, no sólo estás comprando, estás proporcionando alimento para los que quieres, haciendo de la compra diaria una experiencia mucho más valiosa. Cuando limpias la casa, estás creando un ambiente de paz y orden donde la alegría y la creatividad pueden florecer sin estorbos. Cuando vas a los almacenes a comprar ropa para tu familia, compras sólo ropa resistente, de calidad; ¡Tiene que proteger a tu familia de los elementos! Cuando te ocupas constantemente de las necesidades de la vida, tu salud, economía, carrera, hogar y tu propio bienestar, lo estás haciendo con un gran propósito en mente. Estás proporcionando un ejemplo de cómo una persona puede vivir de verdad de manera equilibrada.

Si piensas que ser madre es echar a tus hijos de casa en el momento en que cumplen los dieciocho, entonces ¡tendrás un largo trayecto lleno de luchas! Ser una madre extraordinaria cada día, es una oportunidad que ha sido ofrecida a cada una de nosotras. El dicho "vive cada día como si fuese el último", se traduce en una creencia que yo aprecio mucho: "Estando presente en mente, cuerpo y espíritu durante cada precioso momento de tu vida y de las vidas de otros garantizarás una vida vivida con gozo máximo y escasos arrepentimientos." A cada uno de nosotros se le dan las mismas veinticuatro horas en un día. Cómo y con quién decidimos pasar esas horas depende de nosotros totalmente. Como madres, hacemos esas elecciones por nuestros hijos. Los rituales diarios que establecemos se convierten en la plataforma de lanzamiento para el resto de sus vidas.

A veces, todas nos sentimos un poco incompetentes como madres. Muchas cosas las aprendemos observando cómo las hacen otras madres. Permitimos que lo que sentimos y vemos cree el síndrome de "No hago nada bien", porque nos comparamos a nosotras mismas y a nuestro estilo de vida con los de otras madres cuyas vidas y estilos de vida podrían no parecerse a los nuestros de ninguna manera. Olvidamos que cada situación es diferente y que hay muchas opciones y distintos estilos de ejercer de madre. Lo que todas deberíamos tener en común es una creencia sólida de que vamos a ser mamás extraordinarias por derecho propio y vamos a hacer todo lo posible para superar con alegría todo lo que se interponga en nuestro camino.

La causa del síndrome de "No hago nada bien" puede deberse a que no nos hayamos provisto a nosotras mismas con cimientos lo suficientemente sólidos. Al construir y reforzar nuestra confianza y autoestima, crearemos una base robusta desde la que podemos actuar consecuentemente y recordarnos a nosotras mismas las áreas más importantes de nuestra vida. Esas áreas son las prioridades que verdaderamente dan forma a la base emocional de nuestra vida diaria.

Sólo a través de nuestro propio despertar, teniendo presente nuestra conexión con la esencia de quienes somos, donantes de vida, guardianes del alma, podemos impartir sabiduría de verdad a nuestros hijos y hacer de cada día una celebración de la maternidad.

$\mathcal{S}$E UNA MADRE EXTRAORDINARIA

Ser una madre extraordinaria no es hacer las cosas mecanicamente: alimentar, bañar, cambiar, vestir... si no que es una conexión sincera y tierna entre tu hijo y tú todos los días; es ser quien cuida del desarrollo feliz de tu hijo. Ser una mamá extraordinaria no hacer por hacer, es poner el corazón en lo que haces.

Imagina a tu hijo siendo el adulto en que te gustaría que se convirtiese: feliz, cariñoso, amable, generoso, fuerte, sabio. Imagina la clase de madre que criaría un niño de tal calibre. Ahora es el momento de "ser" esa madre....

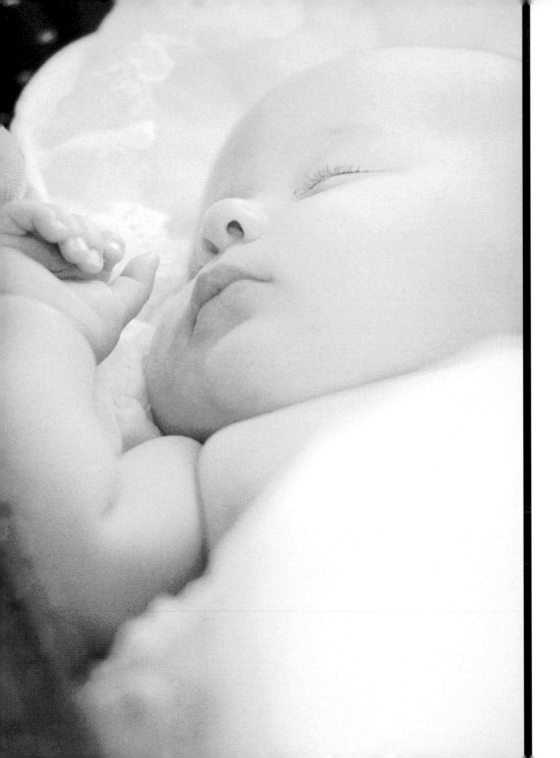

$\mathcal{C}$CADA NIÑO ES

NUESTRA OPORTUNIDAD

DE MOLDEAR EL FUTURO

DEL MUNDO.

-Loren Slocur

Maternidad,

1. *El origen de la vida.* 2. *La educación de la esperanza.* 3. *La enseñanza del amor.* 4. *Un ejemplo de amor incondicional.* 5. *La oportunidad de cambiar el mundo positivamente.*

$\mathcal{S}$ER LA PERSONA QUE NO ERES ES MALGASTAR

LA PERSONA QUE ERES.

–Anónimo

SE TU MISMA

Damos la bienvenida al nacimiento de nuestros hijos con una gran alegría, ¡y con gran razón! Pero merece igual celebración el nacimiento de nuestra propia maternidad. Con este nuevo capítulo de la vida llega el conocimiento del amor y el apoyo incondicional que daremos a nuestro hijo en el momento en que nos enteremos de que otra persona va a formar parte de nuestras vidas (sea embarazo o adopción). A menudo escuchas a la gente decir: "Rompieron el molde cuando ella nació". Bien, ¿adivine qué? ¡Lo hicieron! De muchas maneras eres una mujer única y una madre especial. Como una de mis mejores amigas dice, "¡Dios te bendiga por ser tú!" ¡Celébrate!

Una de las cualidades más importantes de la maternidad es ser tú misma. Es obvio para todos (para ti, tu hijo y otros) cuando tu estás siendo quien realmente eres; también es obvio cuando estás siendo falsa o actuando como alguien que no eres. Ser tú misma no quiere decir que no debas esforzarte por ser mejor; no quiere decir que deberías dejar de aprender y de pedir ayuda. Ser tú misma significa que cuando te dan consejos o aprendes algo nuevo, incorporas aquello que aprendiste a lo que ya sabes y le das tu toque personal. Durante tu viaje como madre vas a escuchar todo tipo de consejos. Recuerda, hay más de un camino para ser madre (¡afortunadamente!). Así que desarrolla tu propio estilo. Toma lo mejor de ti misma y deja que ello sea la base de tu estilo maternal. No cambies tu esencia. Continúa siendo tú y todas las otras "habilidades" encajarán. Al tiempo que tu hijo crezca, tú crecerás también. Esa es la belleza de la maternidad... y de la vida.

$\mathcal{N}$O ES LO MISMO RECORRER EL CAMINO PASO A PASO POR TI MISMO,

A QUE TE EXPLIQUEN COMO RECORRERLO.

-Mary Caroline Richards

SE SABIA

La sabiduría viene del interior; mirar en nuestro interior es la mejor manera de resolver retos externos. Todos poseemos, en lo más profundo, el conocimiento y la sabiduría para hacer lo que es correcto. Dios sólo nos da los retos que sabe que podemos manejar. Intuitivamente sabemos el sendero correcto a tomar, si tan sólo paramos un momento en nuestras ajetreadas vidas para enfocar nuestras mentes y confiar en las respuestas que nos llegan. La gente a la que más hay que admirar es la que respira profundamente antes de tomar una decisión, la que utiliza una convicción calmada para avanzar con amor y compasión, en vez de aquellos que se ven arrastrados por la emoción del momento.

Como madres, debemos confiar en la sabiduría con que Dios nos ha bendecido, para tomar decisiones relacionadas con nosotras mismas y con nuestros hijos, decisiones que sentimos como correctas. Recuerda, las decisiones que tomes no siempre lograrán el resultado qaue deseas, pero no tomar una decisión es el planteamiento equivocado si quieres aprender algo. Si te enfrentas a la vida con este tipo de actitud, serás un ejemplo extraordinario para tu hijo. Tu hijo verá a una madre dispuesta a arriesgarse y cometer errores, ¡pero nunca dispuesta a abandonar! Adoptar una actitud ante la vida que sea calmada, determinada y a veces desafiante, es una lección excelente para tus hijos y posiblemente el paso más inteligente que darás por ti misma.

TODA MUJER DEBERÍA
RECORDAR QUE TENEMOS EL
INTUITIVO RADAR QUE
CONOCE EXACTAMENTE
CÓMO ESDUCAR A NUESTROS
HIJOS, QUÉ DECIR A NUES-
TROS HIJOS Y CÓMO QUERER
A NUESTROS HIJOS...AL
ESCUCHARLOS Y
OBSERVARLOS, APRENDEMOS
QUÉ QUIEREN Y QUÉ
NECESITAN. ELLOS LO SABEN Y
NOS LO DIRÁN.

–Marianne Williamson

Se COMPRENSIVA

Ser comprensiva significa ser compasiva, abierta, intuitiva y estar presente (en mente y cuerpo). El primer paso hacia la comprensión es escuchar sinceramente con tu corazón. Recuerda; oir no es lo mismo que escuchar. Puedes oir la voz de alguien, pero ¿estás realmente escuchando su mensaje?

Con la cantidad de retos y actividades que nos presenta la vida, a menudo puede ser más sencillo reaccionar que intentar comprender qué está pasando con nuestros hijos. Cuando tu hijo es un recién nacido agudizas tu habilidad para escuchar. Tu bebé no puede pronunciar una palabra y aún así, tan sólo con la forma en que llora o se queja, intuitivamente sabes cuando está hambriento, cansado o incómodo. Conserva también contigo estas habilidades de la escucha cuando tus hijos comiencen a hablar. Trata de comprender cómo se están sintiendo, no sólo lo que están diciendo. Éste nivel de atención transformará tu relación con tu hijo. Te ayudará a evitar conflictos, a crear confianza y a reforzar el lazo especial entre vosotros dos.

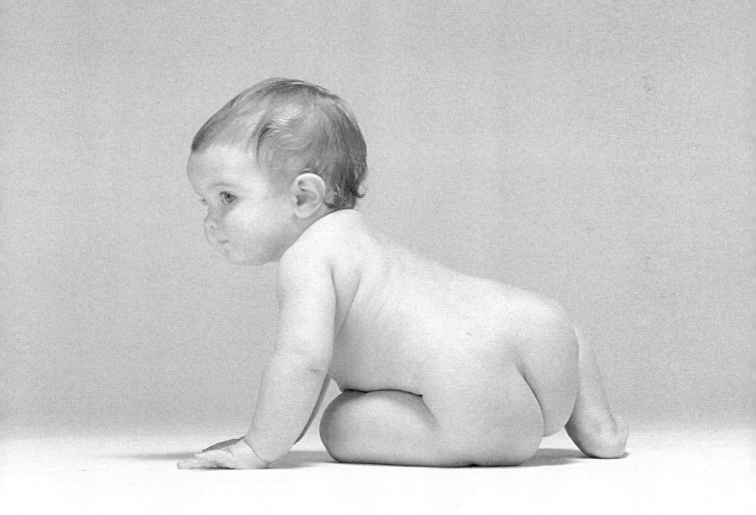

REFLEXIONES... UNA HERRAMIENTA ESENCIAL PARA LA MATERNIDAD

Las reflexiones a menudo se logran al formularte preguntas a ti misma. Hacer preguntas de calidad significa lograr respuestas de calidad. Esto, como resultado, te llevará directamente a la solución del problema, a aprender aquello que es lo más importante para ti. Reflexión significa tomarse tiempo para buscar y descubrir nuevas formas de mejorarte a ti misma, a tu hijo y como madre.

$\mathcal{E}$L PRESENTE, *1. El momento en que abres tus ojos.*

2. Un segundo eterno. 3. La condición de estar en el momento.

4. Cuando pasas de tu cabeza a tu corazón. 5. La determinación

de tu futuro. 6. Un precioso regalo.

PLANTEA PREGUNTAS DE CALIDAD

Como mamás, tenemos una responsabilidad y un privilegio asombroso: realmente moldeamos a los líderes de la próxima generación. El primer contacto humano que tienen nuestros bebés es con nosotras. A través de nuestro tacto aprenden amor, cuidado, ternura, seguridad, y fuerza. Y mientras nuestros bebés se convierten más plenamente en una parte del mundo, aprenden al observar el ejemplo que damos. Nuestras acciones crean una impresión mucho más grande que nuestras palabras, por eso es tan importante para nosotras actuar siempre de la mejor y más positiva manera.

Una herramienta valiosa que me permite actuar positivamente a diario, en vez de conformarme con la mediocridad, es plantearme a mí misma preguntas de calidad. Específicamente, me planteo las "Preguntas de la Mañana para Mamás", las "Preguntas de la Tarde para Mamás" y las "Preguntas de Resolver Problemas para Mamás". ¿Cuán poderosas son estas preguntas? Literalmente pueden cambiar tu vida. No importa lo duras que sean tus exigencias de tiempo y de energía, simplemente tomándote unos momentos para reflexionar sobre estas preguntas puede cambiar tu estado de sentirte agobiada y agotada a estar emocionada, agradecida, apasionada y llena de energía. Experimentamos todo a través de nuestros propios filtros del mundo. Algo que parece terrible o trágico para una persona puede ser increíble e inspirador para otra. Estas preguntas están creadas para ayudarte a crear mejores filtros, con lo que disfrutarás más de cada día, cada situación y cada precioso momento.

Podrías pensar que no tienes tiempo para contestar a tales preguntas, pero debes comprometerte para buscar ese tiempo. Igual que consigues tiempo para otras cosas que son importantes de verdad, como alimentar a tu bebé, cambiar el pañal de tu bebé o dar un baño a tu bebé, por encima de todo, debes lograr tiempo para criar a un niño excepcional. Las preguntas de calidad pueden ser una poderosa herramienta para ayudarte a lograr esto. Estas preguntas han sido salvavidas para mí en todo tipo de situaciones y sé que pueden ser igual para cualquier otra persona que tenga demasiado que hacer y muy poco tiempo; en pocas palabras, ¡para cualquiera que sea mamá!

$\mathcal{L}$A GENTE LISTA PARECE NO SENTIR EL PLACER NATURAL

DEL DESCONCIERTO, Y SIEMPRE ESTÁN RESPONDIENDO

PREGUNTAS CUANDO EL PRINCIPAL GOZO DE LA VIDA

ES PLANTEARLAS CONSTANTEMENTE.

-Frank Moore Colby, "Simple Simon", The Colby Essays

CLAVES PARA FORMULAR PREGUNTAS Y HACER QUE FUNCIONEN:

- DEBES PLANTEAR CADA PREGUNTA HASTA QUE CONSIGAS LA RESPUESTA QUE TE SIRVE. Si planteas una pregunta como, "¿qué es lo que mi hijo me va a enseñar hoy?" entonces enfoca en cómo ésta respuesta puede presentar una diferencia positiva en el día de tu hijo y finalmente, en su vida.

- DEBES TOMARTE UN MOMENTO PARA BUSCAR CADA RESPUESTA EN TU CORAZÓN. Una vez que tengas la respuesta correcta, respira profundamente y reconoce el tremendo impacto que puede tener.

- PLANTEA ESTAS PREGUNTAS CONSISTENTEMENTE. Cuanto más plantees las preguntas, mejor serás para encontrar respuestas significativas que surgen de tu corazón. Yo planteo estas preguntas un mínimo de una vez al día. Me surgen respuestas rapidamente porque me he condicionado a través de la repetición. Descubrirás que las respuestas se convierten cada día más y más profundas. También, al convertir en un hábito este proceso de plantear preguntas, comenzarás a notar que automaticamente las planteas en otros momentos a lo largo del día. No puedo decirte cuántas veces me han surgido problemas en los que inmediatamente puedo preguntarme una "Pregunta de Resolver Problemas para Mamás" y la respuesta me ha ayudado a superar el problema.

- LEE LAS PREGUNTAS Y ADQUIERE EL HÁBITO DE UTILIZARLAS. Ponlas en pequeñas tarjetas que puedas ver todos los días. Pon las "Preguntas de la Mañana para Mamás" en el espejo de tu baño, las "Preguntas de la Tarde para Mamás" en tu mesilla y las "Preguntas de Resolver Problemas para Mamás" en tu monedero. La próxima vez que surja una situación desafiante y te empieces a dejar llevar por el temor, o te sientas "vencida", para, respira hondo, comienza a preguntarte estas preguntas geniales y enfócate en todas las maravillosas respuestas que vas a conseguir. Te garantizo que estas sesiones de preguntas y respuestas marcarán una enorme diferencia en la forma en que reaccionas. ¿Por qué es eso importante? Porque siempre hay ojitos observando.

PREGUNTAS DE LA MAÑANA PARA MAMAS

¿Cómo podemos mi hijo y yo
experimentar nuestro amor
de forma extraordinariamente
nueva hoy?

Esta serie de preguntas está diseñada para ayudarte a comenzar tu día de la mejor manera emocional posible, para tu hijo y para ti y para ayudar a enfocarte en lo que realmente marcará la diferencia en tu vida y en la de tu hijo. Al plantearte estas preguntas cada mañana, descubrirás oportunidades para aprender, crecer, amar, tener paciencia, experimentar felicidad, y muchas otras emociones poderosas que a menudo se pasan por alto en la vida diaria de una mamá ocupada.

Enseñando/Aprendiendo

¿Qué me va a enseñar hoy mi bebé?

¿Qué voy a enseñar hoy a mi bebé?

¿Qué puedo hacer hoy para enseñar a mi bebé a aprender y crecer?

¿Qué puedo hacer hoy para aprender y crecer?

¿Cómo puedo ser hoy un ejemplo para mi bebé?

Conexión y Amor

En medio de mi ajetreado día, ¿Cómo podría permanecer aún agradecida?

¿Cómo puedo ser hoy todavía más paciente?

¿A quién amo?

¿Quién me ama?

¿Cómo puedo demostrar todavía más mi amor?

DIVERSIÓN Y RISAS

¿De qué estoy hoy más entusiasmada?

¿De qué estoy hoy más orgullosa en mi vida?

¿De qué estoy hoy más agradecida en mi vida?

¿Cómo puedo crear aun más momentos especiales para mi familia y para mí?

¿Cómo puedo cuidar aún mejor de mi familia y de mí?

¿Qué cosa especial puedo hacer hoy por mi hijo y por mí?

¿Cómo puedo influir positivamente en la vida de mi hijo hoy?

$\mathcal{E}$N MI VIDA OTRAS PERSONAS HAN AYUDADO A MI ALMA A CANTAR UNA CANCIÓN...

TÚ, MI HIJO, HAS PROVOCADO QUE MI CORAZÓN INTERPRETE UNA SINFONÍA.

–Donna Ringo

PREGUNTAS DE LA TARDE

PARA MAMAS

¿Qué hemos aprendido hoy
mi hijo y yo uno del otro?

Esta serie de preguntas es tu mejor maestro. La forma de convertirnos mejores en algo es comprobar cómo lo estamos haciendo durante el camino. Estas preguntas te dan la oportunidad de aumentar tu consciencia de cómo estás conectándote con tu hijo: ¿Dónde están las lagunas en el crecimiento de tu hijo, en vuestro crecimiento como familia, en convertirte en la mejor mamá que puedas llegar a ser? Recuérdate que raramente, si alguna vez, serás perfecta, pero el crecimiento más profundo provendrá de tu lucha por ser la mejor mamá que puedas llegar a ser. La clave es simplemente convertirse en un poquito mejor cada día. Ahí es donde están escondidas las mayores recompensas.

Cuidado personal

¿He hecho una pequeña pausa para relajarme hoy?

¿Cómo me he cuidado físicamente hoy?

¿He equilibrado mis obligaciones con mis metas hoy?

Diversion y Risas

¿Qué ha hecho mi bebé para hacerme reír?

¿Qué he hecho yo para hacer reír a mi bebé?

Conexion y Amor

¿Qué hemos hecho juntos hoy mi bebé y yo?

¿Cuántas veces me ha oído mi bebé decirle, "te quiero"?

ENSEÑANDO

¿Qué palabra he enseñado hoy a mi bebé?

¿Cómo he visto las cosas desde la perspectiva de mi hijo?

¿Le he leído hoy a mi bebé?

REFLEXION

¿Qué me ha hecho hoy sonreír?

¿Qué me ha hecho hoy sentirme orgullosa?

¿De qué forma he sido hoy una gran madre?

IMPORTANTE FRENTE A URGENTE

¿Qué ha funcionado hoy?

¿Me he enfocado hoy en lo que era verdaderamente importante?

¿He sido feliz hoy al menos en un 90 por ciento del día?

¿Cómo podría ser aún más feliz mañana?

REGUNTAS

DE RESOLVER

PROBLEMAS PARA MAMAS

¿Qué haría una mamá extraordinaria
en ésta situación?

Cómo madre serás puesta a prueba una y otra vez, quizás ¡más que en cualquier otro papel que desempeñes en la vida! Habrán exámenes de paciencia, amor, perseverancia, resistencia, desinterés, cuidado, madurez, compasión y disciplina; más exámenes de los que nunca hubieras podido imaginas antes de ser madre. La forma en que respondas a estos exámenes te proporcionará tus momentos de mayor crecimiento, aprendizaje y enseñanza. Estas preguntas te ofrecerán una mano amiga a la hora de enfrentarte a los interminables retos de ser una mamá ocupada. Te ayudarán a enfocarte para superar cada situación y más importante aún, a convertirte en mejor mamá, fortaleciéndote a ti y como resultado, a tu hijo, con la resolución de cada situación.

¿Qué haría en esta situación una mamá extraordinaria?

¿Cómo voy a crecer como resultado de este reto?

¿Cómo va a servirnos este momento a mí, a mi bebé y a mi familia?

¿Cómo va a convertirse en un mejor adulto mi bebé debido a la forma en que manejo esta situación?

¿Cómo puedo encontrar ahora mismo más paciencia, amor, fuerza o resolución?

SI A UN NIÑO HAY QUE MANTENERLE VIVO SU SENTIDO INNATO DEL ASOMBRO, NECESITA LA COMPAÑÍA DE AL MENOS UN ADULTO QUE PUEDA COMPARTIRLO, REDESCUBRIENDO CON ÉL LA ALEGRÍA, EL ENTUSIASMO Y EL MISTERIO DEL MUNDO EN QUE VIVIMOS.

-Rachel Carson, The Sense of Wonder

*N*IÑO, *1. Un regalo de Dios que ha de ser tratado con cariño.*

2. Un sendero abierto al amor. 3. Verdadera inocencia.

4. Esperanza para un mundo mejor.

No HAY AMOR MAS GRANDE SIGNIFICA...

$\mathcal{A}$MAR Y SER AMADO ES SENTIR EL SOL POR AMBOS LADOS.

-David Viscott

AMANDO DE VERDAD A MI HIJO

Amar de verdad a mi pequeño significa asegurarse de que tiene todas las cosas que necesita, no sólo las necesidades básicas como ropa, comida, abrigo y calor, pero también los intangibles como valores, principios, confianza, ejemplos y lo más importante, amor. El amor es la base para crear cualquier cosa que tenga sentido en la vida, especialmente cuando se cría a un hijo. Trabajando desde un gran amor, todo parece posible porque percibimos una sensación de gloriosa abundancia fluyendo a través de nosotras. Parece que podamos dar más de lo que nunca creímos posible. Un amor tan lleno, tan completo, crea un lazo único entre madre e hijo; un amor que sólo crece más fuerte con cada nueva experiencia. Celebra este nivel de amor y tómate el tiempo para comunicarle ese cariño a través de tu tacto, tu paciencia, tu comprensión y tus acciones. Este grado de intimidad os permitirá apreciar y experimentar el mundo más profundamente a tí y a tu bebé.

MAMA CARIÑOSA

Mamá siempre dedica tiempo a mostrarme y decirme que me ama. Puedo ver en sus ojos su amor por mí. Puedo sentir su amor en cada pequeño roce. Puedo escuchar el amor en su bonita voz. ¡Tengo la mamá más cariñosa del mundo!

SIENDO CURIOSA CON MI HIJO

Los niños miran el mundo de la forma más inocente y curiosa, sus ojos se llenan de impresión y asombro. Tener un hijo nos da la oportunidad de redescubrir las maravillas del mundo. Si buscas una nueva perspectiva en la vida, gatea al lado de tu bebé y echa una mirada al mundo desde su posición ventajosa. Adelante...acuéstate en el suelo y trata de entender los pensamientos que deben estar corriendo por la mente de tu bebé mientras delicadamente tuerce cada fibra de tu alfombra o intenta mordisquear sus propios deditos del pie. Hay muchísimas formas de animar a tu bebé a hacer nuevos descubrimientos. Explorar el mundo, mano con mano, hace de la vida un magnífico regalo esperando a ser abierto.

Mama Aventurera

Mi mamá siempre me está mostrando que la vida es una aventura. Mirando a todas y a cada una de las experiencias como una oportunidad para descubrir lo desconocido y descubrir nuevas posibilidades. A veces las aventuras pueden dar un poco de miedo (como aprender a caminar, caer de mi cama o aprender a patinar sobre hielo) pero mi mamá se asegura de que celebre cada una de esas oportunidades. Me recuerda que esas experiencias me ayudan a anticipar felizmente aventuras futuras, algunas las compartiré con ella y otras las descubriré yo sólo.

$\mathcal{C}$OMIENZA TUS DIAS COMO LO HACE UN NIÑO,

CON UNA MIRADA LUMINOSA Y TRANSPARENTE.

–Brenda Veland

ESTAR PRESENTE CON MI HIJO

Cuando estás alimentando, bañando y jugando con tu bebé, ¿estás prestándole toda tu atención? Estar presente con tu hijo significa prestarle toda tu atención. Cada momento que pasáis juntos es un regalo que te permite conectarte con tu pequeño a un nivel más íntimo. La primera clave para estar presente es escuchar, no sólo con tus oídos, sino con el corazón. Busca el verdadero significado de lo que te comunica tu bebé. Al aprender a entender los ingeniosos mensajes de tu hijo, reforzarás el tremendo lazo que os une. La segunda clave para estar presente es ver, no sólo con tus ojos, sino con tu alma. La intuición de una madre tiene a menudo una visión más clara del alma de su hijo, que la que tendrían mil ojos juntos. Elige estar presente con tu bebé en mente, cuerpo y espíritu. Darte por completo en cada momento que pasas con tu pequeño ángel, añadirá una increíble alegría y satisfacción a la maternidad.

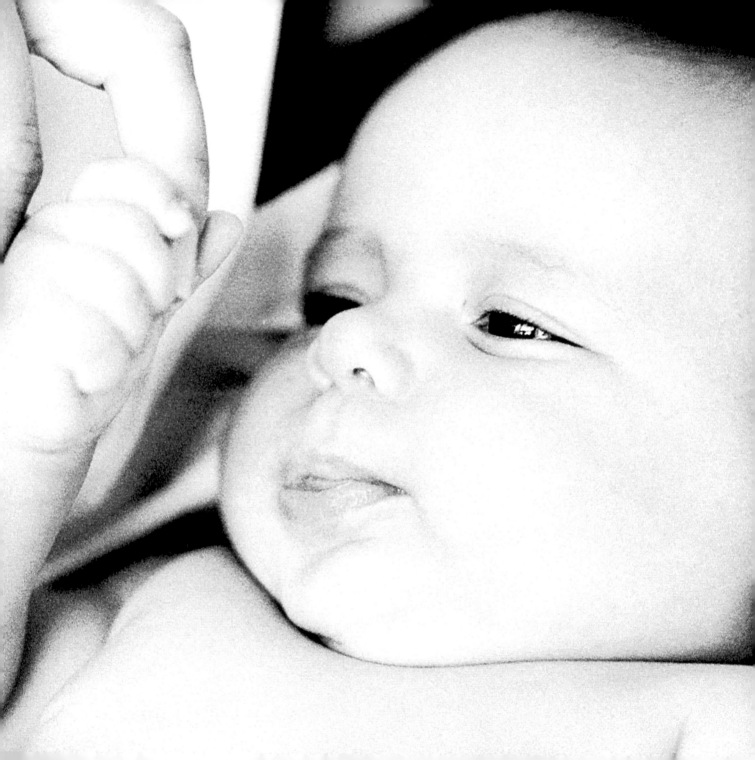

Mama Presente

Cuando mi mami y yo estamos juntos, me dedica toda su atención. Ella entiende lo que necesito y quiero aunque no puedo hablar tan bien como ella lo hace. El mayor regalo que mi mami me hace es, simplemente pasar tiempo conmigo. Ella es definitivamente una ¡mamá "presente"!

JUGANDO CON MI HIJO

¡Qué afortunada eres! Finalmente tienes una perfecta y adorable pequeña excusa para ser una niña de nuevo; jugar juegos tontos y poner caras divertidas, construir castillos de arena en la playa, columpiarte en los columpios y probar todos los posibles juguetes que tu hijo pueda desear. Jugar con tu hijo puede ser la parte más fácil de la maternidad, o al menos la más divertida. Así que, ¿qué conlleva esto realmente? Tiempo. Un bien muy escaso en el ajetreado mundo actual, e imaginación. Se creativa y generosa, porque el tiempo empleado jugando con tu hijo es el tiempo más precioso de todos, tanto para tí como para él.

¿Quién puede hacer la cara más divertida?

¿Cuántos sitios para hacer cosquillas puedes encontrar?

¿Quién puede brincar como un conejito? ¿Y croar como una rana?

¿En qué increíble aventura participaréis los dos?
    (Un viaje para hacer compras o leer un cuento.)

Mama juguetona

Mi mamá y yo jugamos de muchísimas formas
diferentes. Una forma es que mi mamá comparte
algunos de sus tesoros especiales conmigo.
Mami adora verme descubriendo la belleza de
los regalos más sencillos, a los que algunos
adultos no prestan ni la más mínima atención.
Lo que más me gusta, es cuando mi mami dice
que le recuerdo que ha de ¡parar y celebrar la
vida en cada oportunidad que le surja! ¡Soy feliz
cuando todo lo que mi madre hace es un juego
para ella!

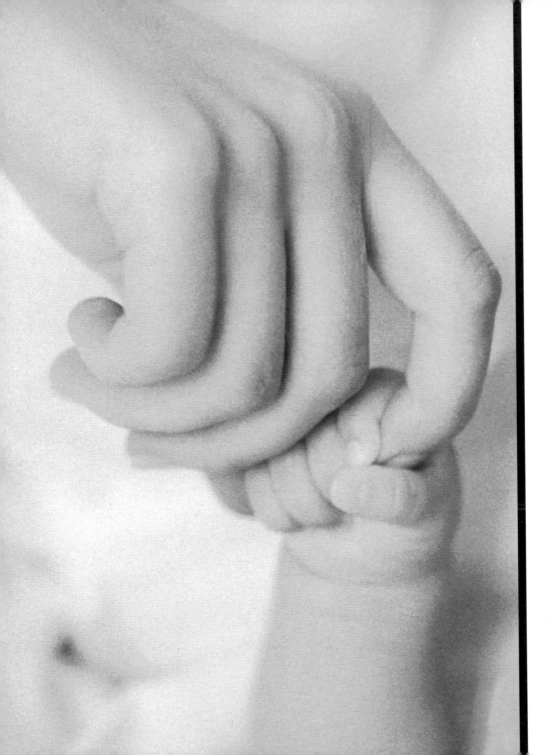

ES LA MADRE SABIA

LA QUE DA A SU HIJO

RAICES Y ALAS.

–Proverbio chino

Mostrando a mi hijo lo que es posible

¿Cuántas veces imponemos límites a aquellos que queremos sin darnos incluso cuenta de lo que estamos haciendo? El propósito de las barreras que edificamos, es con frecuencia, mantener a los que queremos alejados del dolor. Nuestro trabajo es proteger a nuestros hijos y asegurarnos que siguen el "camino correcto". Encontrar el "camino correcto" es una tarea difícil; un camino que lleva a un niño a la tierra prometida puede extraviar a otro. Deja a tus hijos arriesgarse. Déjalos escuchar su propia llamada. Déjalos experimentar lo que sus corazones les piden que experimenten. Una de las mejores formas en que puedes ayudarles a encontrar su camino es siguiendo tu propia llamada, cumpliendo con tu tarea especial en la tierra. Expón a tu hijo a tantas experiencia distintas como puedas. Llévalos a sitios que adoras y a sitios a los que no irías ni en un millón de años; a un museo de arte o a un monumento de guerra, a clase de cerámica o a una tienda de manualidades, a la playa o a las montañas. Ve a un concierto de música clásica. Come en una taberna griega. La única forma en que tus hijos sabrán qué hay más allá en este maravilloso y enorme mundo, es si les dedicas el tiempo necesario para mostrarles todos los maravillosos regalos disponibles. ¿Sabes qué más podría pasar? ¡Puede que tú también disfrutes de todas estas nuevas experiencias! Recuerda, no "enloquezcas" si tu hijo intenta algo y falla o no lo disfruta. Para enseñar a tus hijos lo que es posible, debes permitirles fallar y más importante aún, triunfar con sus propios descubrimientos. Con un autodescubrimiento supervisado les ayudarás a aprender y crecer como individuos.

Mama Ejemplo

Mamá nunca permite que los límites de otras personas la frenen para ser la mejor en todo el mundo. Mi mamá me enseña qué es bueno, honesto y verdadero, no sólo diciéndomelo sino demostrándomelo con sus acciones. Ella es verdaderamente un ejemplo de lo que es posible si realmente crees en ti mismo.

Cuando crezca, quiero ser como ella.

ENSEÑANDO Y APRENDIENDO CON MI HIJO

Hay tanto que aprender y experimentar de la vida que resulta difícil saber por dónde empezar. Incluso mientras tú le enseñas el camino a seguir tu hijo también te irá enseñando. A través de nuestros hijos, vemos el mundo con una nueva visión, escuchamos la vida con diferentes armonías y sentimos nuevas sensaciones a través de las manos de un alma fresca y nueva. Esta nueva reacción ante el mundo es un recordatorio importante de que uno de los papeles primarios de la maternidad es enseñar. Cuando enseñes, a menudo encontrarás los papeles cambiados, como si Dios te mandara a tu hijo para ser tu maestro. En diferentes momentos, te sentarás maravillada mientras tu hijo descubre algo tan simple pero a la vez tan nuevo para él; y a través de su asombro, te transformarás.

El aprendizaje llegará a través de caminos que nunca hubieras imaginado o planeado. A veces las lecciones compartidas entre tú y tu hijo aparecerán en los momentos más intensos que paséis. No puedes planear todo lo que quieres que ocurra para poder enseñar a tu hijo las lecciones de la vida. La madrina de mi hijo dijo una vez, "si quieres hacer reír a Dios, cuéntale tu plan". En otras palabras, date cuenta que del mismo modo que hay muchas cosas que quieres enseñar a tu niño, hay igualmente otras tantas que tú deberás aprender. Sé agradecida por la oportunidad de aprender de la honesta inocencia del alma de tu hijo.

Mama Maestra

Mamá siempre quiere que encuentre lo mejor,
en lo más profundo de mí. Me ayuda a caminar,
hablar, aprender y reír. Me muestra cosas nuevas
como animales, castillos de arena, charcos y arco
iris y me los explica. Siempre busca lo bueno
que tengo dentro y luego me ayuda a expresarlo
al mundo.

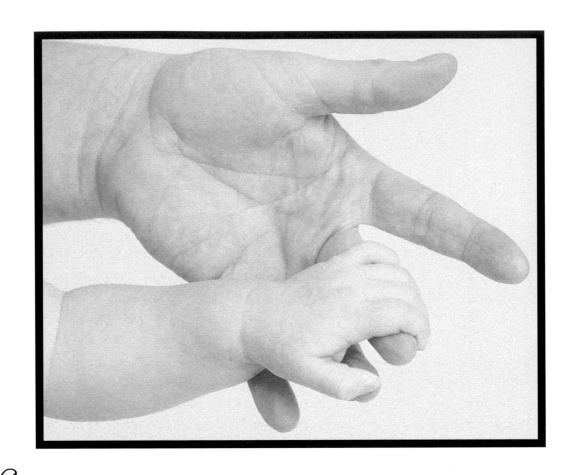

SEÑOR DEL CORAZON BONDADOSO, HAZ QUE EL MIO SEA BONDADOSO TAMBIEN.

SEÑOR DE LAS MANOS AMABLES, HAZ QUE LAS MIAS SEAN AMABLES TAMBIEN.

SEÑOR DE LOS PIES DISPUESTOS, HAZ QUE LOS MIOS ESTEN DISPUESTOS TAMBIEN.

ASI PODRE SER MAS COMO TU EN TODO LO QUE DIGO Y HAGO.

-Phyllis Garlick

TENIENDO GRATITUD Y FE

Da gracias por haber sido bendecida con un maravilloso bebé. La maternidad es un privilegio incomparable. Tu deber es querer a tu bebé sin importar en quién o en qué se convertirá. Nunca compares a tu bebé con otros. Puede que tu bebé tenga limitaciones físicas o psíquicas, pero debes creer que esos retos extraordinarios fueron dados a tu familia por alguna razón. Cree que Dios pensó que tú eras una de esas pocas personas que podía manejar tal reto y por eso se te dió un niño tan especial.

Yo creo que Dios elige tu bebé y la personalidad de tu bebé para ayudarte a convertirte en la mejor persona que puedas llegar a ser. Ten la Fe de que serás guiada para efectuar las elecciones que os permitirán crecer a ti y a tu hijo. No hay un momento que pase que deje de estar humildemente agradecida por haber sido escogida para ser mamá. Ser una madre es un honor y un reto, un minúsculo fragmento del futuro es moldeado por nuestras manos. Espero que tú también, tengas estos sentimientos incomparables. Si nosotras, como madres, nos comprometemos a criar hijos mejores, creo honestamente que podemos mejorar el mundo un alma detrás de otra.

Mama Angel

Para mí, mi mamá es un ángel. Ella es tan pura y tan especial. Sus ojos alcanzan almas. Sus caricias conmueven corazones. Ella es dulce pero fuerte, sencilla pero elegante. A veces, si me concentro intensamente, puedo ver el destello de la aureola sobre su cabeza. En verdad mi mamá es la mujer más maravillosa que jamás se haya podido contemplar.

TU DEBES SER EL CAMBIO QUE DESEAS VER EN EL MUNDO.

–Gandhi

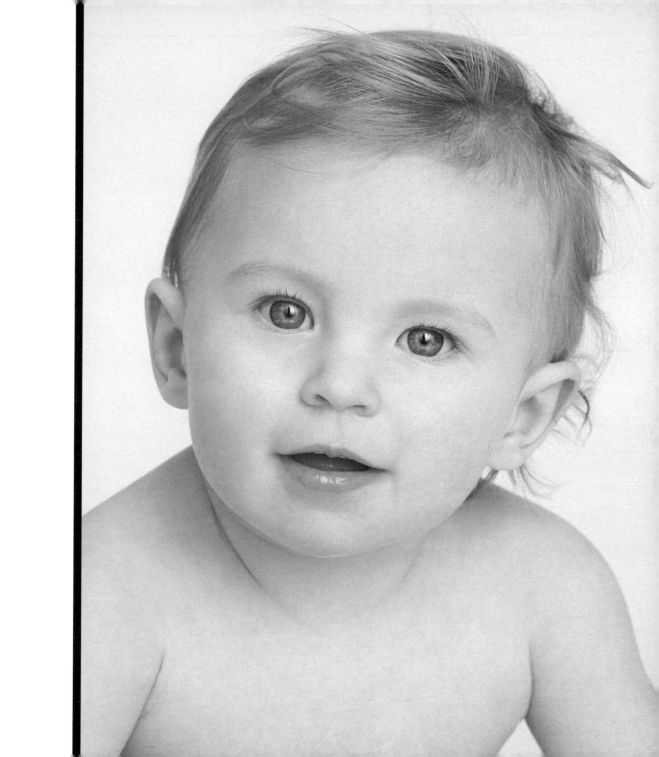

EMPIEZA HOY

A nosotras, como madres, se nos ha confiado proveer de un ambiente físico y emocional a nuestros hijos que les nutra, enseñe e inspire. Como estamos al principio de un nuevo milenio, un tiempo de retos y oportunidades nunca vistas, es imprescindible que desarrollemos nuestro don de ser madres.

Comprométete a una vida que continua haciendo del amor la prioridad número uno y a una vida en la que de verdad aprecies cada momento.

$\mathcal{U}$N BEBE ES LA OPINION DE DIOS...
DE QUE EL MUNDO DEBE CONTINUAR.

-Carl Sandburg

$\mathcal{E}$L FUTURO, *1. La recompensa de ser activo en el presente.*

2. Un lugar de curiosidad. 3. Un abrir y cerrar de ojos. 4. ¡Tu elección!

SOBRE LA AUTORA

$\mathcal{L}$OREN $\mathcal{S}$LOCUM: madre, autora, conferenciante y mentor.

No Hay Amor Más Grande de Loren Slocum ilustra su pasión por la vida, como han presenciado miles de mujeres y hombres alrededor del mundo. Es esta pasión la que la mantiene vibrante y joven y magnifica su extraordinaria relación con su familia y su carrera.

Durante los últimos ocho años, como directora del equipo humano de las Empresas de Anthony Robbins, Loren ha sido la responsable de la gestión de los eventos y del entrenamiento de miles de voluntarios de todo el mundo. Loren también lidera como vicepresidenta el departamento de marketing de Momentus Productions, que da servicio a organizaciones sin ánimo de lucro.

Es la madre de un niño de tres años Josua Owen Slocum. Loren cree firmemente que: "Lo que tu eres día a día es lo que te convierte en una gran madre". Esta profunda creencia sobre la maternidad ha sido alimentada por su relación con Shore Slocum. Actualmente vive en Portland, Oregón.

Para más información o para asistir a uno de los cursos especiales de Loren Slocum, o para pedir el CD de *No Hay Amor Más Grande* o cualquiera de sus productos, por favor llame al 877-659-MOMS (Teléfono de Estados Unidos).